천리길도 어휘력부터
하루 하나 꺼내 먹는
사자성어 따라 쓰기

펴낸일 2023년 12월 1일 초판 1쇄

지은이 우당탕실험실
그림 황재윤
발행인 황영아
기획/책임 편집 임수정
디자인 루기룸
로고제작 도안글씨디자인연구소
펴낸곳 마카롱플러스 미디어
주소 서울시 광진구 아차산로 30길 36 2층 창업센터 102호
전화 02) 400-3422 **팩스** 02) 460-2398
출판등록일 2023년 5월 23일

ISBN 979-11-983377-3-3 64710
ISBN 979-11-983377-0-2 (세트)

* 잘못된 책은 구입처에서 바꾸어 드립니다.
* KC마크는 이 제품이 공통안전기준에 적합하였음을 의미합니다.

블로그 blog.naver.com/macaron_media
인스타그램 instagram.com/macaron.media
메일 media.macaron@gmail.com

★ ★ ★
천리길도 어휘력부터

하루 하나 꺼내 먹는 사자성어 따라 쓰기

마법 같은 네 글자, 사자성어

안녕, 친구들! 사자성어라는 말이 낯설어서 '이게 뭐지?' 하고 갸웃거릴 친구들도 있겠지요? 사자성어는 어렵다고요? 한자를 쓸 줄 모른다고요? 어른들이 사자성어를 말할 때 무슨 말인지 하나도 못 알아듣겠다고요? 괜찮아요. 다 괜찮아요. 이제부터 배우면 되니까요. 어떤 사자성어가 있는지 하나씩 읽어보고, 뜻을 이해하고, 가끔 필요할 때 기억을 꺼내서 말할 수 있으면 그것으로 충분합니다.

이 책에 나오는 한자를 천천히 따라 써 보세요. 이런 한자가 있다는 정도만 알고 넘어가도 좋아요. 달달한 사탕을 하나씩 꺼내 먹듯 하루에 하나, 재미있는 사자성어를 만나보세요. 네 개의 글자 속에 깊은 이야기가 담겨 있는 게 신기할 거예요. 사자성어를 많이 알수록 말이 재미있어질 겁니다. 그러다가 어느 날 TV에 사자성어 퀴즈가 나오면 자기도 모르게 정답을 큰소리로 외치게 될지도 몰라요!

〈콩심콩 팥심팥〉 시리즈는 '콩 심은 데 콩 나고, 팥 심은 데 팥 난다'는 속담을 줄인 말로, 어린이들이 정성스럽게 씨앗을 뿌리고 열매를 얻을 수 있도록 이끌어주는 책입니다. 하루에 10분만 따라 쓰기에 집중해 보세요. 삐뚤빼뚤했던 글씨가 한 달 뒤에는 반듯하게 바뀌고, 자기도 모르는 사이에 어휘력과 표현력이 풍부해지며, 집중력이 높아질 것입니다. 〈콩심콩 팥심팥〉 시리즈와 함께 속담, 관용어, 사자성어 등 재미있는 우리말과 더 친해져 보아요. 자, 그럼 마법 같은 네 글자를 만날 준비가 됐나요?

우당탕실험실

천리길도 어휘력부터

하루 하나 꺼내 먹는 사자성어 따라 쓰기

글 **우당탕실험실** | 그림 **황재윤**

마카롱+

초등학생 때 알아야 할
교과 연계 필수 사자성어
50개를 선정했어요.
하루에 하나씩,
차곡차곡 쌓인 어휘력은
어린이의 문해력과 사고력을
키워주는 중요한 열쇠가 될 거예요.

01

쉬운 설명으로 아이들이
사자성어를 바로 이해해요

옛날 고전에서 유래한 사자성어가
많아 어린이들이 사자성어와
한자를 두려워합니다.
하지만 이 책에서는 아이들의
수준에 맞춰 쉽게 설명했어요.

02

견물생심 見物生心
한자의 음과 뜻
볼 견 / 물건 물 / 날 생 / 마음 심

• 물건을 직접 보면 갖고 싶은 욕심이 생김.

마트나 문방구에 가면 갖고 싶은 것과 먹고 싶은 것이 아주 많지요? 특히 눈으로 직접 보면 갖고 싶은
마음이 더 커지고요. 그럴 때 견물생심이라고 말해요. 사람은 갖고 싶은 것을 모두 가질 수는 없답니
다. 참는 법도 배워야 해요.

그 말이 그 말이라고?

02

재미있는 만화로
사자성어가 더욱 친밀해져요

사자성어는 우리가 널리 쓰는 말입니다.
어린이들이 사자성어를 바로 적용할 수 있도록
생활 속 다양한 상황을 재미있는 만화로 보여줍니다.

03
바르게 쓰는 습관과 집중력을 높여요

초등학생 때는 직접
또박또박 손으로 글씨를 쓰는
연습이 꼭 필요해요.
따라 쓰면 집중력이 높아지고,
글씨를 바르게 쓰는 습관이 생기며
또한 사자성어를 기억하는 데
큰 도움이 된답니다.

월   일   확인 😊 😊 😊

🐭 **따라 써 볼까?**

견	물	생	심
見	物	生	心

견	물	생	심
見	物	生	心

😊 **무슨 뜻일까?**

물건을 직접 보면 갖고 싶은 욕심이 생김.

⭐ **생각해 볼까?**

• 어떤 물건을 보고, 갖고 싶은 욕심이 생긴 적이 있나요?

04
사자성어와 관련된 내 경험을 떠올려봐요

내 경험 속에서 사자성어와
관련된 사례를 떠올려 봅니다.
수동적으로 외우기만 하는 게 아니라,
스스로 생각해 보는 기회를 가져요.

기억해 볼까? 어제 배운 사자성어

➡ 지난날의 잘못을 고쳐 착하게 변하다.

무인 개껌 가게가 생겼는데
그 자리에서 몽땅
다 먹어버리고 싶더라~.

견물생심이니까.
나쁜 일 하고
개과천선하는 것보다 쭉~
착하게 사는 게 낫다냥~.

05
학습했던 내용을 복습해요.

기억해 볼까? 코너를 통해
학습 내용을 기억해서 써보며
사자성어를 나의 것으로 만들어요.

17

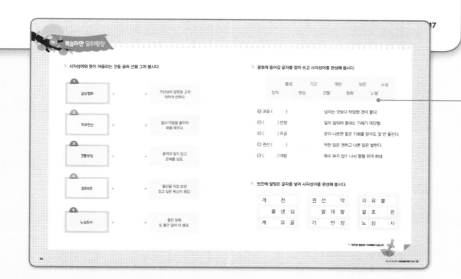

06
10일 차마다 퀴즈로 복습해요

사자성어를 잘 기억하고 있는지,
사자성어와 의미를 연결시킬 수
있는지 퀴즈를 풀면서 확인해
보아요. 복습하면 실력이
'일취월장'할 것입니다.

 **차례**

개과천선 改過遷善

한자의 음과 뜻
고칠 개 / 잘못 과 / 옮기다, 변하다 천 / 착할 선

지난날의 잘못을 고쳐 착하게 변하다.

옛날 중국에 주처라는 사람이 있었어요. 개과천선은 나쁜 행동을 많이 하던 주처가 좋은 스승을 만나 잘못을 뉘우치고 훌륭한 학자가 되었다는 이야기에서 나온 말입니다. 누구든 자신의 잘못을 뉘우치고 반성하면 지금보다 더 멋진 사람이 될 수 있어요.

 그 말이 그 말이라고?

14

 따라 써 볼까?

개	과	천	선
改	過	遷	善

개	과	천	선
改	過	遷	善

 무슨 뜻일까?

지난날의 잘못을 고쳐 착하게 변하다.

생각해 볼까?

• 실제로 '개과천선'한 사람을 본 적이 있나요?

기억해 볼까? 오늘 배운 사자성어

개들은 다
개과천선해야 하는 거
아니야?

그 '개'가 아니거든요!
너야말로 냥과천선해야
할 것 같은데?

견물생심 見物生心

물건을 직접 보면 갖고 싶은 욕심이 생김.

마트나 문방구에 가면 갖고 싶은 것과 먹고 싶은 것이 아주 많지요? 특히 눈으로 직접 보면 갖고 싶은 마음이 더 커지고요. 그럴 때 견물생심이라고 말해요. 사람은 갖고 싶은 것을 모두 가질 수는 없답니다. 참는 법도 배워야 해요.

그 말이 그 말이라고?

따라 써 볼까?

견	물	생	심
見	物	生	心

견	물	생	심
見	物	生	心

 무슨 뜻일까?

물건을 직접 보면 갖고 싶은 욕심이 생김.

 생각해 볼까?

• 어떤 물건을 보고, 갖고 싶은 욕심이 생긴 적이 있나요?

 **기억해 볼까?** 어제 배운 사자성어

▶ 지난날의 잘못을 고쳐 착하게 변하다.

무인 개껌 가게가 생겼는데
그 자리에서 몽땅
다 먹어버리고 싶더라~.

견물생심이니까.
나쁜 일 하고
개과천선하는 것보다 쭉~
착하게 사는 게 낫다냥~.

결초보은 結草報恩

한자의 음과 뜻
맺을 **결** / 풀 **초** / 갚을 **보** / 은혜 **은**

끝까지 잊지 않고 은혜를 갚음.

옛날 중국의 위과라는 사람이 한 여인의 생명을 구해주었대요. 그 여인의 아버지가 죽어서도 위과에게 은혜를 갚았다는 이야기에서 나온 표현입니다. 고마움을 알고 은혜를 갚을 줄 아는 마음이 참 아름답지요?

 그 말이 그 말이라고?

따라 써 볼까?

결	초	보	은
結	草	報	恩

결	초	보	은
結	草	報	恩

 무슨 뜻일까?

끝까지 잊지 않고 은혜를 갚음.

⭐ **생각해 볼까?**

• 누군가 나에게 은혜를 베풀어 준 적이 있나요?

기억해 볼까? 어제 배운 사자성어

▷ 물건을 직접 보면 갖고 싶은 욕심이 생김.

오늘 견물생심 이겨내고
개껌 딱 하나만 사왔어.
네 덕분이야~.

나한테 그렇게 고마우면
결초보은 해라냥~.

04

계란유골 鷄卵有骨

한자의 음과 뜻
닭 계 / 알 란 / 있을 유 / 뼈 골

운이 나쁘면 좋은 기회를 얻어도 잘 안 풀린다.

한자를 풀이하면 '계란에도 뼈가 있다'는 뜻으로, 운이 나쁜 사람은 모처럼 좋은 기회를 만나도 일이 잘 풀리지 않는 상황을 뜻합니다. 비슷한 의미로 '재수가 없으면 뒤로 넘어져도 코가 깨진다'는 속담이 있어요.

 그 말이 그 말이라고?

공부한 날짜
월   일 확인

 따라 써 볼까?

계	란	유	골
鷄	卵	有	骨

계	란	유	골
鷄	卵	有	骨

 무슨 뜻일까?

운이 나쁘면 좋은 기회를 얻어도 잘 안 풀린다.

 생각해 볼까?

• 살면서 운이 좋았던 날, 나빴던 날은 언제였나요?

기억해 볼까? 어제 배운 사자성어

▶ 끝까지 잊지 않고 은혜를 갚음.

결초보은하기 위해 가져왔어! 오다 주웠다~.

어머! 고맙다냥~ 운이 좋은 날인 걸~. 근데 계란유골이네. 이거 유통기한 지났다냥. 흑….

과유불급 過猶不及

한자의 음과 뜻
지나칠 **과** / 같을 **유** / 아닐 **불** / 미치다, 닿다 **급**

넘치는 것보다 적당한 것이 좋다.

공자에게 자장과 자하라는 제자 중에 누가 더 현명한지 물었어요. 공자는 '자장은 지나친 면이 있고, 자하는 부족한 점이 많다'고 했지요. 그럼 자장이 더 낫냐고 물으니 공자는 '그렇지 않다. 지나침은 미치지 못한 것과 같다'고 했어요. 물을 많이 주면 식물이 죽는 것처럼 넘치는 것은 좋지 않답니다.

 ## 그 말이 그 말이라고?

따라 써 볼까?

과	유	불	급
過	猶	不	及

과	유	불	급
過	猶	不	及

무슨 뜻일까?

넘치는 것보다 적당한 것이 좋다.

생각해 볼까?

• 욕심부리다가 어떤 일을 망친 적이 있나요?

기억해 볼까? 어제 배운 사자성어

▶ 운이 나쁘면 좋은 기회를 얻어도 잘 안 풀린다.

많이 잤더니
과유불급인가 봐.
너무 피곤해.
다시 자야겠다냥~.

비가 딱 그쳐서
산책 나갔는데 또 비가 왔어.
계란유골이라니까.

권선징악 勸善懲惡

착한 일은 권하고 나쁜 일은 벌한다.

권선징악의 한자를 풀이하면 '착한 일은 권하고 나쁜 일은 벌한다'는 뜻입니다. 뿌린 대로 거둔다는 속담처럼 착한 사람들은 대부분 복을 받고 나쁜 사람들은 벌을 받는다는 의미지요. 전래동화나 영화를 보면 권선징악을 따르는 이야기가 많아요.

 그 말이 그 말이라고?

너 동화 바꿔 쓰기 숙제 했어?

응! 난 착한 놀부가 나오는 이야기를 썼어.

그럼 착한 사람이 복 받고,
나쁜 사람이 벌 받는 이야기가 아니네~.

맞아, 권선징악은 아니지.

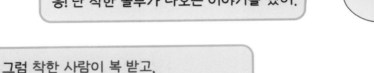

착한 놀부는 흥부를 도와주고,
동물병원 만들어서 온 동네 동물들 다 치료해 줘~.

오~, 멋지다!!
제비들이 박씨 물어다 주기 바쁘겠는걸?

그러게. ㅎㅎ

따라 써 볼까?

권	선	징	악
勸	善	懲	惡

권	선	징	악
勸	善	懲	惡

 무슨 뜻일까?

착한 일은 권하고 나쁜 일은 벌한다.

 생각해 볼까?

• 〈흥부전〉처럼, 권선징악 의미가 담긴 동화는 또 무엇이 있을까요?

기억해 볼까? 어제 배운 사자성어

▶ 넘치는 것보다 적당한 것이 좋다.

동물 사랑에는 과유불급이 없는 것 같아. 그치?

응~ 동물을 사랑하는 착한 사람들은 복 받고 괴롭히는 나쁜 사람들은 벌 받는 건 당연해. 권선징악이다냥~

07

금상첨화 錦上添花

한자의 음과 뜻
비단 **금** / 위 **상** / 더할 **첨** / 꽃 **화**

좋은 일에 또 좋은 일이 더 생김.

'밥 위에 떡'이라는 속담을 들어본 적이 있나요? 밥 위에 맛있는 떡까지 올려져 있으면 정말 든든하게 먹을 수 있겠지요? 금상첨화의 한자를 풀이하면 '비단 위에 꽃을 더한다'는 뜻입니다. 좋은 것이 더 좋아지고, 좋은 일에 또 좋은 일이 겹친다는 뜻이지요.

 ## 그 말이 그 말이라고?

26

따라 써 볼까?

금	상	첨	화
錦	上	添	花

금	상	첨	화
錦	上	添	花

 무슨 뜻일까?

좋은 일에 또 좋은 일이 더 생김.

⭐ **생각해 볼까?**

• 최근에 '금상첨화' 같았던 경험이 있나요?

기억해 볼까? 어제 배운 사자성어

▶ 착한 일은 권하고 나쁜 일은 벌한다.

오늘 맛있는 사료에 고급 간식까지 같이 먹다니, 금상첨화야!

우리 착한 주인, 복 많이 받기를~. 권선징악은 진리다냥~.

기고만장 氣高萬丈

한자의 음과 뜻
기운 기 / 높을 고 / 일만 만 / 어른 장

일이 잘되어 뽐내는 기세가 대단함.

자신감이 지나치게 넘쳐서 우쭐대는 친구를 본 적이 있나요? 그럴 때 기고만장하다고 말합니다. 매우 심하게 화가 났다는 의미도 가지고 있고요. 기고만장한 사람보다는 잘난 척하지 않는 겸손한 사람이 더 인기가 많겠지요?

 그 말이 그 말이라고?

| 오늘은 운동회 날. |
| 나는 다리를 다쳐 하루 종일 앉아서 응원만 해야 했다. |
| 옆 반 지후는 줄다리기도 이기고 달리기도 이겨서 |
| 우쭐거리고 으스대며 기고만장하게 내 앞을 지나갔다. |
| 평소 내가 지후보다 달리기가 더 빠른데…. |
| 나는 약올리면서 내 앞을 지나가는 지후를 보니 화가 났다. |

따라 써 볼까?

기	고	만	장
氣	高	萬	丈

기	고	만	장
氣	高	萬	丈

 무슨 뜻일까?

일이 잘되어 뽐내는 기세가 대단함.

⭐ **생각해 볼까?**

• '기고만장'한 사람을 실제로 본 적이 있나요?

 **기억해 볼까?** 어제 배운 사자성어

▶ 좋은 일에 또 좋은 일이 더 생김.

부잣집 찰스 알지?
매일 새 옷 바꿔 입고 어쩌나
기고만장하던지~.

우리 주인은 착하고
예쁜 옷도 직접 만들어 주니까
금상첨화다냥~.

노발대발 怒發大發

한자의 음과 뜻
화낼 **노** / 쏘다, 보내다 **발** / 큰 **대** / 쏘다, 보내다 **발**

매우 화가 많이 나서 펄펄 뛰며 화냄.

노발대발이란 매우 심하게 화를 내는 것을 뜻하는 사자성어입니다. '머리끝까지 화가 났다'는 말을 들어본 적이 있지요? 비슷한 의미를 가진 사자성어로는 '분기탱천(憤氣撑天)'이 있습니다. 분한 마음이 하늘을 찌를 듯하다는 뜻이랍니다.

 그 말이 그 말이라고?

따라 써 볼까?

노	발	대	발
怒	發	大	發

노	발	대	발
怒	發	大	發

 무슨 뜻일까?

매우 화가 많이 나서 펄펄 뛰며 화냄.

⭐ **생각해 볼까?**

• 최근에 '노발대발' 화를 낸 적이 있나요?

기억해 볼까? 어제 배운 사자성어

▶ 일이 잘되어 뽐내는 기세가 대단함.

어제 까치가 내 사료를 먹어서 노발대발했어. 이제 안 오겠지?

까치는 날개가 있다고 어찌나 기고만장하던지~. 나도 날고 싶다고~, 왈왈.

노심초사 勞心焦思

한자의 음과 뜻
근심 **노** / 마음 **심** / 그을릴, 애태울 **초** / 생각할 **사**

몹시 마음을 졸이며 애를 태우다.

어떤 일 때문에 계속 걱정하고, 신경을 써본 적이 있나요? 노심초사란 마음 졸이며 애를 태우는 상태를 말합니다. 노심초사했던 일도 지나고 보면 별일 아닌 경우가 많아요. 불안한 마음이 들 때는 숨을 깊이 들이마시고 내쉬며 심호흡을 해보세요. 마음이 한결 편안해질 거예요.

 ## 그 말이 그 말이라고?

따라 써 볼까?

노	심	초	사
勞	心	焦	思

노	심	초	사
勞	心	焦	思

 무슨 뜻일까?

몹시 마음을 졸이며 애를 태우다.

 **생각해 볼까?**

• 무엇에 대해 '노심초사' 했던 적이 있나요?

기억해 볼까? 어제 배운 사자성어

> 매우 화가 많이 나서 펄펄 뛰며 화냄.

어제 공원 벤치 밑에 개껌 하나 묻어 놨는데 누가 가져가면 어쩌지?

노심초사하고 노발대발해도 소용없어. 이미 누가 가져갔겠지. 개껌 아깝다냥~.

🍂 사자성어와 뜻이 어울리는 것을 골라 선을 그어 봅시다.

1 금상첨화 · · 지난날의 잘못을 고쳐 착하게 변하다.

2 개과천선 · · 몹시 마음을 졸이며 애를 태우다.

3 견물생심 · · 끝까지 잊지 않고 은혜를 갚음.

4 결초보은 · · 물건을 직접 보면 갖고 싶은 욕심이 생김.

5 노심초사 · · 좋은 일에 또 좋은 일이 더 생김.

🪶 괄호에 들어갈 글자를 찾아 쓰고 사자성어를 완성해 봅시다.

불급	기고	계란	보은	노심
징악	생심	견물	첨화	노발

❶ 과유 (   ) ···························· 넘치는 것보다 적당한 것이 좋다.

❷ (   ) 만장 ···························· 일이 잘되어 뽐내는 기세가 대단함.

❸ (   ) 유골 ···························· 운이 나쁘면 좋은 기회를 얻어도 잘 안 풀린다.

❹ 권선 (   ) ···························· 착한 일은 권하고 나쁜 일은 벌한다.

❺ (   ) 대발 ···························· 매우 화가 많이 나서 펄펄 뛰며 화냄.

🪶 빈칸에 알맞은 글자를 넣어 사자성어를 완성해 봅시다.

개		천	
	물	생	심
계		유	골

권	선		악
	발	대	발
기		만	장

과	유	불	
결	초		은
노	심		사

✦ 퀴즈의 정답은 124쪽에 있습니다

다다익선 多多益善

한자의 음과 뜻
많을 다 / 많을 다 / 더할 익 / 착하다, 좋다 선

많으면 많을수록 더욱 좋다.

무거운 것을 들 때 사람이 많을수록 더 쉽게 옮길 수 있지요? 맛있는 간식이 많을수록 기분이 좋고요. 다다익선이란 '많으면 많을수록 좋다'는 뜻입니다. 옛날 중국의 한신(韓信)이라는 장수가 '군사는 많으면 많을수록 좋다'고 말한 것에서 나온 표현이랍니다.

 그 말이 그 말이라고?

 따라 써 볼까?

다	다	익	선
多	多	益	善

다	다	익	선
多	多	益	善

 무슨 뜻일까?

많으면 많을수록 더욱 좋다.

 생각해 볼까?

• 세상에 많으면 많을수록 좋은 건 뭐가 있을까요?

 **기억해 볼까?** 어제 배운 사자성어

▶ 몹시 마음을 졸이며 애를 태우다.

사자성어 많이 알면 다다익선이지.

하루에 하나씩 배우면 되니까 노심초사하지는 말라고~.

콩심콩 팥심팥 **사자성어 따라 쓰기 37**

대기만성 大器晩成

크게 될 사람은 늦게라도 반드시 성공한다.

옛날 위나라 장수 최염은 사촌 동생 최림의 인품이 훌륭하고 똑똑한데도 인정받지 못하자 '큰 그릇은 만드는 데 시간이 오래 걸린다'며, 꾸준히 노력하면 늦게라도 큰 인물이 될 수 있다고 말했대요. 실제로 최림은 훗날 높은 벼슬에 올랐다는 이야기에서 나온 말입니다.

 그 말이 그 말이라고?

따라 써 볼까?

대	기	만	성
大	器	晚	成

대	기	만	성
大	器	晚	成

 무슨 뜻일까?

크게 될 사람은 늦게라도 반드시 성공한다.

 **생각해 볼까?**

• 늦더라도 언젠가 꼭 이루고 싶은 꿈이 있나요?

 **기억해 볼까?** 어제 배운 사자성어

▶ 많으면 많을수록 더욱 좋다.

 난 고양이처럼 점프 잘하는 개로 유명해지고 싶어!! 연습하면 되겠지?

 오~, 연습은 다다익선이지. <세상에 진짜 이런 일이>에 꼭 나가라냥~. 너는 대기만성할 거야!

동고동락 同苦同樂

한자의 음과 뜻
함께 **동** / 괴로울 **고** / 함께 **동** / 즐거울 **락**

괴로움도 즐거움도 함께함.

어린이집이나 유치원, 초등학교를 오래 같이 다닌 친구들이 있나요? 함께 웃고, 울고, 즐겁게 어울리며 추억을 쌓은 경험이 있다면 그게 바로 '동고동락'한 경험이랍니다. 매일 동고동락하고 있는 가족들을 떠올려 봐요. 어떤 느낌인지 조금 알겠지요?

그 말이 그 말이라고?

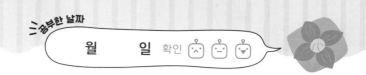
 따라 써 볼까?

동	고	동	락
同	苦	同	樂

동	고	동	락
同	苦	同	樂

 무슨 뜻일까?

괴로움도 즐거움도 함께함.

 생각해 볼까?

• 오랜 시간 괴로움도 즐거움도 함께 나누는 사람이 있나요?

기억해 볼까? 어제 배운 사자성어

➤ 크게 될 사람은 늦게라도 반드시 성공한다.

너처럼 점프 잘하고 싶어서 뛰어내리다가 다리 다쳤어.

유치원에서 동고동락했던 친구가 <세상에 진짜 이런 일이>에 나왔더라. 너도 대기만성할 수 있으니까 꿈을 포기하지 말라고~.

동문서답 東問西答

한자의 음과 뜻
동쪽 동 / 질문 문 / 서쪽 서 / 대답할 답

질문과 전혀 상관없는 엉뚱한 대답.

밥을 먹었냐고 물어봤는데 기분이 좋다고 대답하면 물어본 사람이 황당하겠지요? 동문서답이란, 질문과 상관없이 엉뚱한 대답을 하는 것을 말해요. 질문을 제대로 듣지 못해서 동문서답할 수도 있고, 일부러 대답하기 싫어서 이상하게 대답하는 경우도 있어요. 모두 동문서답이지요.

 ## 그 말이 그 말이라고?

따라 써 볼까?

동	문	서	답
東	問	西	答

동	문	서	답
東	問	西	答

무슨 뜻일까?

질문과 전혀 상관없는 엉뚱한 대답.

생각해 볼까?

• 대화 상대가 '동문서답'해서 답답했던 적이 있었나요?

기억해 볼까? 어제 배운 사자성어

▶ 괴로움도 즐거움도 함께함.

 우리가 동고동락한 지 얼마나 됐지?

밥 먹은 지 두 시간 지났잖아! 어? 표정이 왜 그래? 내가 또 동문서답했냥?

동상이몽 同床異夢

한자의 음과 뜻
함께 동 / 침대 상 / 다를 이 / 꿈 몽

똑같이 행동하면서 속으로 서로 다른 생각을 함.

'꿍꿍이'라는 말을 들어본 적이 있나요? 말하지 않고 속으로 어떤 일을 꾸미는 것을 꿍꿍이라고 하는데요. 동상이몽이란 같은 행동을 하지만 서로 다른 생각을 가졌을 때 쓰는 말이에요. 겉으로는 같은 생각을 하는 것 같지만 다른 꿍꿍이가 있다는 말이죠.

 그 말이 그 말이라고?

44

따라 써 볼까?

동	상	이	몽
同	床	異	夢

동	상	이	몽
同	床	異	夢

 무슨 뜻일까?

똑같이 행동하면서 속으로 서로 다른 생각을 함.

 생각해 볼까?

• 다른 사람이 나와 '동상이몽'이라는 생각을 한 적이 있나요?

기억해 볼까? 어제 배운 사자성어

❯ 질문과 전혀 상관없는 엉뚱한 대답.

 저 서랍 열 수 있어? 우리 간식 꺼내 먹을까?

 저 서랍 안에 쥐 인형 꺼내고 싶다. 어? 왜? 동상이몽에 동문서답인가?

막상막하 莫上莫下

한자의 음과 뜻
없을 **막** / 위 **상** / 없을 **막** / 아래 **하**

더 낫고 더 못함의 차이가 거의 없음.

실력 차이가 거의 나지 않을 때 비슷비슷하다고 말하지요? 그럴 때 쓰는 말이 바로 '막상막하'입니다. 비슷한 말로 도토리 키 재기, 오십보백보(五十步百步)라는 말도 있지요. 상황에 따라 적당한 말을 골라서 써보아요.

 그 말이 그 말이라고?

따라 써 볼까?

막	상	막	하
莫	上	莫	下

막	상	막	하
莫	上	莫	下

 무슨 뜻일까?

더 낫고 더 못함의 차이가 거의 없음.

 **생각해 볼까?**

• '막상막하'의 실력으로 친구와 대결해 본 적이 있나요?

기억해 볼까? 어제 배운 사자성어

> 똑같이 행동하면서 속으로 서로 다른 생각을 함.

고양이와 개의 귀여움은 막상막하겠지?

막상막하지. 근데 사실은 개가 조금 더 귀엽다고 생각해. 우리 동상이몽이지?

무용지물 無用之物

한자의 음과 뜻
없을 **무** / 사용할 **용** / 갈 **지** / 물건, 만물 **물**

쓸모없는 물건이나 사람.

우산을 챙겼는데 해가 쨍쨍하면 우산이 필요 없어져요. 건전지가 없다면 리모컨, 시계, 미니 선풍기 도 모두 사용할 수 없는 물건이 되고요. 그럴 때 무용지물이 되었다고 말해요. 하지만 이 말을 사람에 게는 쓰지 않는 것이 좋겠죠? 이 세상에 쓸모없는 사람은 없으니까요~.

 그 말이 그 말이라고?

48

따라 써 볼까?

무	용	지	물
無	用	之	物

무	용	지	물
無	用	之	物

 무슨 뜻일까?

쓸모없는 물건이나 사람.

 **생각해 볼까?**

• 어떤 물건이 '무용지물'이 된 적이 있었나요?

기억해 볼까? 어제 배운 사자성어

▶ 더 낫고 더 못함의 차이가 거의 없음.

거울은 우리에게 무용지물이야. 그렇지?

그럼~, 거울 안 봐도 우린 막상막하로 너무 귀여우니까.

18

박학다식 博學多識

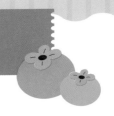

한자의 음과 뜻
넓을 **박** / 배울 **학** / 많을 **다** / 알다 **식**

폭넓게 배워 아는 것이 많음.

속담이나 사자성어를 많이 알고, 동물이나 식물에 대해서도 척척박사처럼 많이 아는 사람에게 '박학다식'하다고 말해요. 폭넓게 지식이 많은 사람의 능력을 나타내는 표현인데요. 다양한 재주와 능력을 뜻하는 다재다능(多才多能)이나 여러 방면에 재주가 있는 사람을 뜻하는 팔방미인(八方美人)도 유사한 표현이랍니다.

그 말이 그 말이라고?

따라 써 볼까?

박	학	다	식
博	學	多	識

박	학	다	식
博	學	多	識

 무슨 뜻일까?

폭넓게 배워 아는 것이 많음.

 생각해 볼까?

• 주변 사람 중에 가장 '박학다식'한 사람은 누구인가요?

 **기억해 볼까?** 어제 배운 사자성어

> 쓸모없는 물건이나 사람.

난 목소리가 커서 나한테 마이크가 무용지물이야.

오~, 무용지물이라는 말도 알다니 너 요즘 박학다식해지고 있어~.

19

백전백승 百戰百勝

싸울 때마다 다 이김.

팔씨름을 하거나 달리기를 할 때 무조건 이기는 친구가 있나요? 무조건 다 이길 때 백 번 싸워서 백 번 모두 이긴다는 의미로 '백전백승'이라고 말해요. 옛말에 적을 제대로 알고 나에 대해서도 바로 알면 백 번 싸워도 위태롭지 않다는 뜻으로 '백전불태'라는 말도 있답니다.

그 말이 그 말이라고?

따라 써 볼까?

백	전	백	승
百	戰	百	勝

백	전	백	승
百	戰	百	勝

 무슨 뜻일까?

싸울 때마다 다 이김.

⭐ **생각해 볼까?**

• '백전백승'해 본 경험이 있다면 언제였나요?

기억해 볼까? 어제 배운 사자성어

▶ 폭넓게 배워 아는 것이 많음.

멍뭉이 퀴즈대회 나갈 건데 백전백승할 수 있을까?

넌 박학다식하니까 1등할 거다냥~.

붕우유신 朋友有信

한자의 음과 뜻
친구, 벗 붕 / 벗 우 / 있을 유 / 믿을 신

친구 사이에는 믿음이 있어야 한다.

조선시대에는 사람이 지켜야 할 기본적인 예의로 삼강오륜(三綱五倫)이라는 것을 가르쳤어요. 붕우유신은 그중의 하나입니다. 친구 사이에는 믿음이 꼭 있어야 한다는 뜻인데요. 나와 친구가 서로 진심으로 믿어줄 때 우정이 싹튼다는 것을 기억하자고요!

그 말이 그 말이라고?

내일 우리 조 준비물 기억하고 있지?
너는 색연필!

알았어~, 색연필 챙겨 갈게.

꼭 챙겨 와!!

응~, 벌써 꺼내 놨어.

꺼내 놓는 걸로는 부족해.
가방에 꼭 넣어 놔~.

알았다고! 친구 사이에 믿음이 중요한데 말이야~.
붕우유신이라고!!! 날 좀 믿어~.

아, 알았어~, 역시 든든해.

하나야, 근데 내 준비물은 뭐였지? 잊어버렸어. 헤헷.

뭐라고??? 어이없어~~.

 따라 써 볼까?

붕	우	유	신
朋	友	有	信

붕	우	유	신
朋	友	有	信

 무슨 뜻일까?

친구 사이에는 믿음이 있어야 한다.

생각해 볼까?

• 친구가 나를 믿지 않아서 속상했던 적이 있나요?

기억해 볼까? 어제 배운 사자성어

| | | | |

▶ 싸울 때마다 다 이김.

고양이한테 생선을
맡긴다는 속담이 싫어~.
붕우유신인데
왜 나를 못 믿냐옹~.

난 너 믿어!
네 말대로 퀴즈대회에서
백전백승했잖아. 믿어줘서
고마워, 친구~.

사자성어와 뜻이 어울리는 것을 골라 선을 그어 봅시다.

1 백전백승   •   •   똑같이 행동하면서 속으로 서로 다른 생각을 함.

2 동상이몽   •   •   친구 사이에는 믿음이 있어야 한다.

3 다다익선   •   •   싸울 때마다 다 이김.

4 붕우유신   •   •   질문과 전혀 상관없는 엉뚱한 대답.

5 동문서답   •   •   많으면 많을수록 더욱 좋다.

🍂 괄호에 들어갈 글자를 찾아 쓰고 사자성어를 완성해 봅시다.

동락   유신   박학   개과   대발   무용
막하   붕우   익선   다다   대기   동문

❶ 동고 (   ) ··············· 괴로움도 즐거움도 함께함.

❷ (   ) 지물 ··············· 쓸모없는 물건이나 사람.

❸ 막상 (   ) ··············· 더 낫고 더 못함의 차이가 거의 없음.

❹ (   ) 만성 ··············· 크게 될 사람은 늦게라도 반드시 성공한다.

❺ (   ) 다식 ··············· 폭넓게 배워 아는 것이 많음.

🍂 빈칸에 알맞은 글자를 넣어 사자성어를 완성해 봅시다.

붕	우	유	
	문		답
다		익	선

동	상	이	
	용	지	물
대	기	만	

동		동	락
박		다	식
백	전		

✦ 퀴즈의 정답은 124쪽에 있습니다

21

비몽사몽 非夢似夢

한자의 음과 뜻
아닐 **비** / 꿈 **몽** / 같을 **사** / 꿈 **몽**

완전히 잠들지도 잠에서 깨어나지도 않은 상태.

늦잠을 자고 일어난 아침, 정신이 없는 상태로 부랴부랴 학교에 갈 준비를 해본 적이 있나요? 그럴 때 비몽사몽한 상태라고 말합니다. 반대로 너무 졸릴 때에도 머리가 멍한 기분이 들지요? 완전히 잠들지도 깨어난 것도 아닌 상태일 때 비몽사몽하다고 해요.

 그 말이 그 말이라고?

 따라 써 볼까?

비	몽	사	몽
非	夢	似	夢

비	몽	사	몽
非	夢	似	夢

 무슨 뜻일까?

완전히 잠들지도 잠에서 깨어나지도 않은 상태.

⭐ **생각해 볼까?**

• 언제 '비몽사몽'한 기분을 느껴 보았나요?

 **기억해 볼까?** 어제 배운 사자성어

▶ 친구 사이에는 믿음이 있어야 한다.

어? 여기 있던 내 간식
네가 먹었어? 비몽사몽이라
정신이 없어.

붕우유신이거늘….
설마 날 의심하는 거야?
난 냥이 간식만 먹는다냥~.

22

사면초가 四面楚歌

한자의 음과 뜻
넷 사 / 얼굴 면 / 초나라 초 / 노래 가

아무에게도 도움을 받지 못하는 힘든 상황.

한자를 풀이하면 '네 방향에서 노래가 들린다'는 의미인 사면초가는 해결할 방법이 없는 아주 힘든 상황을 뜻하는 말입니다. 옛날 중국의 장군 항우가 전쟁 중에 적군에게 동서남북 네 방향 모두 포위 당해 결국 전쟁에서 졌다는 이야기에서 나왔답니다.

 그 말이 **그 말이라고?**

 따라 써 볼까?

사	면	초	가
四	面	楚	歌

사	면	초	가
四	面	楚	歌

 무슨 뜻일까?

아무에게도 도움을 받지 못하는 힘든 상황.

생각해 볼까?

• '사면초가'에 빠졌던 경험이 있나요? 그때 기분이 어땠나요?

기억해 볼까? 어제 배운 사자성어

> 완전히 잠들지도 잠에서 깨어나지도 않은 상태.

내가 사면초가에 빠지면 나 도와주러 올 거지?

당연하지! 지금 비록 내가 비몽사몽이긴 하지만 약속할게~.

23

설상가상 雪上加霜

한자의 음과 뜻
눈 **설** / 위 **상** / 더할 **가** / 서리 **상**

나쁜 일이 연달아서 일어남.

쌓인 눈 위에 서리까지 내린다는 뜻으로 좋지 않은 일이 계속 일어날 때 쓰는 말입니다. 숙제한 노트를 집에 두고 와서 속상한데 하필 학교 계단에서 넘어져 다쳤다면 하루를 망친 기분이 들겠지요? 비슷한 의미로 '엎친 데 덮친 격'이라는 속담이 있습니다.

 그 말이 **그 말이라고?**

하루야, 독감 걸렸다면서? 괜찮아?

나 독감에 코로나 19까지 걸렸어.

연달아서 이렇게 아프다니….

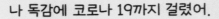

세상에… 설상가상이네. 약 잘 챙겨 먹어~.

응, 고마워.
두 배로 힘드니까 두 배로 먹고 이겨내야지.

그래서 오늘 피자 두 판에 치킨 두 마리 먹었어~.

헉! 그, 그래. 음식은 먹을 수 있다니 다행이야~.

따라 써 볼까?

설	상	가	상
雪	上	加	霜

설	상	가	상
雪	上	加	霜

무슨 뜻일까?

나쁜 일이 연달아서 일어남.

생각해 볼까?

• '설상가상'으로 힘든 일이 겹쳤던 날이 있었나요?

기억해 볼까? 어제 배운 사자성어

❯ 아무에게도 도움을 받지 못하는 힘든 상황.

장마철이라 산책도
못 나가고, 집에 간식도
다 떨어지고….

태풍까지 온다던데
설상가상,
사면초가다냥~.

24

소탐대실 小貪大失

한자의 음과 뜻
작을 소 / 탐할 탐 / 큰 대 / 잃을 실

작은 것에 욕심부리다가 큰 것을 잃음.

옛날 중국의 진나라 혜왕이 이웃 나라인 촉나라를 공격할 때 욕심 많고 어리석은 촉나라 왕을 이용해 손쉽게 촉나라를 무너트린 이야기에서 나온 말입니다. 눈앞의 작은 것에 끌려 욕심부리다가 중요하고, 큰 것을 잃으면 안 되겠지요?

 그 말이 그 말이라고?

역시 야구장에서 먹는 음식이 더 맛있는 법이지!

우리 아들 많이 먹어~.

감자튀김이 몇 개 없으니까 먼저 먹고 나서 치킨 먹어야지.

냠 냠

〈잠시 후〉

와~ 홈런~!

텅 텅

작은 거 욕심부리다가 큰 걸 잃었네. 소탐대실이라더니~.

 따라 써 볼까?

소	탐	대	실
小	貪	大	失

소	탐	대	실
小	貪	大	失

 무슨 뜻일까?

작은 것에 욕심부리다가 큰 것을 잃음.

생각해 볼까?

• 작은 것에 욕심부리다가 큰 것을 잃은 경험이 있나요?

기억해 볼까? 어제 배운 사자성어

▶ 나쁜 일이 연달아서 일어남.

아까 사료 그릇을 엎었는데 설상가상으로 물그릇까지 쏟아버렸어. 힝….

간식 조각 하나 주워 먹으려다 다 엎어버렸구나. 소탐대실이다냥~.

심사숙고 深思熟考

한자의 음과 뜻
깊을 심 / 생각할 사 / 익을 숙 / 깊이 생각할 고

깊이 잘 생각함.

무언가에 대해 깊이 생각하는 것을 심사숙고한다고 말합니다. 이렇게 할지, 저렇게 할지 고민해본 적이 있지요? '돌다리도 두들겨 보고 건너라'라는 속담이 있듯, 무언가를 선택하거나 결정하기 전에 한 번 깊이 신중하게 생각해 보는 자세가 필요합니다.

그 말이 그 말이라고?

 따라 써 볼까?

심	사	숙	고
深	思	熟	考

심	사	숙	고
深	思	熟	考

 무슨 뜻일까?

깊이 잘 생각함.

생각해 볼까?

• 어떤 결정을 내릴 때 '심사숙고'해 본 경험이 있나요?

기억해 볼까? 어제 배운 사자성어

▶ 작은 것에 욕심부리다가 큰 것을 잃음.

나는 왜 자주 소탐대실할까? 속상해.

음…. 뭘 결정하기 전에 심사숙고해보라냥~.

26

어부지리 漁父之利

한자의 음과 뜻
고기 잡을 **어** / 아버지 **부** / 갈 **지** / 이로울 **이**

엉뚱한 사람이 애쓰지 않고 이익을 얻음.

새가 조개를 먹으려는 순간 조개가 껍데기를 꼭 다물고 새의 부리를 안 놔주자, 그 틈을 타서 어부가 둘 다 잡았다는 이야기에서 나온 말입니다. 중국 연나라의 소대가 조나라 왕에게 이 이야기를 들려주며 연나라와 조나라가 싸우면 진나라가 이익을 얻기 때문에 서로 싸우지 말자고 얘기했대요.

💡 그 말이 그 말이라고?

 따라 써 볼까?

어	부	지	리
漁	父	之	利

어	부	지	리
漁	父	之	利

 무슨 뜻일까?

엉뚱한 사람이 애쓰지 않고 이익을 얻음.

생각해 볼까?

• '어부지리'로 어떤 이익을 얻은 적이 있나요?

 **기억해 볼까?** 어제 배운 사자성어

❯ 깊이 잘 생각함.

소탐대실 안 하려고
먹을지 말지 심사숙고하는
사이에 간식이 없어졌어!

그거 옆집 친구가
어부지리로 먹고 갔다냥~.

27

역지사지 易地思之

한자의 음과 뜻
바꿀 **역** / 땅 **지** / 생각할 **사** / 갈 **지**

다른 사람과 처지를 바꾸어서 생각함.

옛날 중국의 하우와 후직, 공자의 제자인 안회라는 사람이 자신이 처한 현실 속에서 모범을 보이며 성실하게 살아갔대요. 맹자가 이들은 처지를 바꾸어도 모두 그렇게 했을 것이라고 말한 것에서 역지사지라는 말이 생겨났답니다. 인성이 훌륭한 사람은 역지사지를 항상 실천하지요.

 그 말이 그 말이라고?

70

 따라 써 볼까?

역	지	사	지
易	地	思	之

역	지	사	지
易	地	思	之

 무슨 뜻일까?

다른 사람과 처지를 바꾸어서 생각함.

⭐ **생각해 볼까?**

• 언제 '역지사지'가 필요하다고 느꼈나요?

 **기억해 볼까?** 어제 배운 사자성어

☐ ☐ ☐ ☐   ➤ 엉뚱한 사람이 애쓰지 않고 이익을 얻음.

 윗집 댕댕이들 너무 시끄러워. 역지사지 모르나?

우리가 떠들어도 사람들이 윗집이라고 생각하니까 우리는 어부지리야. 왈왈.

28

용두사미 龍頭蛇尾

한자의 음과 뜻
용 용 / 머리 두 / 뱀 사 / 꼬리 미

시작은 좋았지만 끝이 좋지 않다.

용두사미란 한자로 '용의 머리와 뱀의 꼬리'를 뜻해요. 크고 화려한 상상 속의 동물인 용처럼 시작했다가 뒤로 갈수록 마무리가 잘 되지 않고, 뱀의 꼬리처럼 작아지는 것을 의미합니다. 무슨 일을 시작했을 때 용두사미가 되면 안 되겠지요?

 그 말이 그 말이라고?

따라 써 볼까?

용	두	사	미
龍	頭	蛇	尾

용	두	사	미
龍	頭	蛇	尾

 무슨 뜻일까?

시작은 좋았지만 끝이 좋지 않다.

생각해 볼까?

• '용두사미'가 되어버린 일이 있었나요?

 **기억해 볼까?** 어제 배운 사자성어

| | | | | ▷ 다른 사람과 처지를 바꾸어서 생각함.

 하루에 하나씩 사자성어 잘 쓰고 있지? 용두사미 안 되게 해라냥~.

관심은 고맙지만 친구한테 이래라 저래라 하지 말아라~. 역지사지!!!

29 우왕좌왕 右往左往

한자의 음과 뜻
오른쪽 **우** / 가다 **왕** / 왼쪽 **좌** / 가다 **왕**

이리 갔다 저리 갔다 갈팡질팡함.

우왕좌왕의 한자를 보면 '오른쪽으로 갔다가, 왼쪽으로 갔다'가 한다는 뜻으로, 이리저리 왔다 갔다 하며 어디로 갈지 방향을 잡지 못하는 상황을 말합니다. 갑자기 화재 경보가 울리거나 시간에 쫓길 때, 또는 길을 잘 몰라서 이리저리 찾을 때 우리는 우왕좌왕하게 되지요.

그 말이 그 말이라고?

 따라 써 볼까?

우	왕	좌	왕
右	往	左	往

우	왕	좌	왕
右	往	左	往

 무슨 뜻일까?

이리 갔다 저리 갔다 갈팡질팡함.

생각해 볼까?

• 언제 '우왕좌왕' 했던 적이 있나요?

 **기억해 볼까?** 어제 배운 사자성어

▶ 시작은 좋았지만 끝이 좋지 않다.

너 왜 이렇게 우왕좌왕하고 있냥? 온 집이 엉망진창이다냥~.

숨겨 놓은 간식 찾고 있어~. 집 어지르기 않기로 약속했는데 이틀 만에 용두사미되었네. 왈왈.

유비무환 有備無患

한자의 음과 뜻
있을 **유** / 준비할 **비** / 없을 **무** / 걱정 **환**

미리미리 준비하면 걱정이 없다.

유비무환은 일상 속에서 널리 쓰입니다. 미리미리 준비하면 든든하다는 의미인데요, 흐린 날 우산 챙기기, 겨울이 오기 전에 독감 예방 주사를 미리 맞는 것도 유비무환이지요. 옛날 중국 진나라의 도공과 사마위강이 전쟁을 겪은 이야기에서 이 말이 나왔대요.

 ## 그 말이 그 말이라고?

 따라 써 볼까?

유	비	무	환
有	備	無	患

유	비	무	환
有	備	無	患

 무슨 뜻일까?

미리미리 준비하면 걱정이 없다.

 생각해 볼까?

• 무언가를 미리 준비해서 든든했던 기억이 있나요?

기억해 볼까? 어제 배운 사자성어

> 이리 갔다 저리 갔다 갈팡질팡함.

아까 산책 나갔을 때 비 와서 우왕좌왕 난리였어.

비옷을 미리 챙겼어야지, 유비무환이라냥~.

🍂 사자성어와 뜻이 어울리는 것을 골라 선을 그어 봅시다.

1 어부지리　　●　　●　나쁜 일이 연달아서 일어남.

2 유비무환　　●　　●　엉뚱한 사람이 애쓰지 않고 이익을 얻음.

3 비몽사몽　　●　　●　아무에게도 도움을 받지 못하는 힘든 상황.

4 사면초가　　●　　●　완전히 잠들지도 잠에서 깨어나지도 않은 상태.

5 설상가상　　●　　●　미리미리 준비하면 걱정이 없다.

🌿 괄호에 들어갈 글자를 찾아 쓰고 사자성어를 완성해 봅시다.

> 대실　　지리　　우왕　　숙고　　어부
>
> 역지　　두사　　비몽　　무환　　초가

❶ 소탐 (　　　) ·················· 작은 것에 욕심부리다가 큰 것을 잃음.

❷ (　　　) 좌왕 ·················· 이리 갔다 저리 갔다 갈팡질팡함.

❸ 용 (　　　) 미 ·················· 시작은 좋았지만 끝이 좋지 않다.

❹ (　　　) 사지 ·················· 다른 사람과 처지를 바꾸어서 생각함.

❺ 심사 (　　　) ·················· 깊이 잘 생각함.

🌿 빈칸에 알맞은 글자를 넣어 사자성어를 완성해 봅시다.

		사	지
우	왕		
		사	미

유	비		
어	부		
		사	몽

사	면		
		탐	대
심	사		

✦ 퀴즈의 정답은 124쪽에 있습니다

31

유언비어 流言蜚語

한자의 음과 뜻
흐를 유 / 말씀 언 / 바퀴벌레, 메뚜기 비 / 말 어

여기저기 널리 퍼진 뜬소문.

아무런 근거도 없는 뜬소문을 유언비어라고 해요. '발 없는 말이 천 리 간다'는 속담이 있지요? 요즘은 발 없는 유언비어가 스마트폰 때문에 눈 깜빡할 사이에 전 세계에 퍼질 수도 있답니다. 가짜뉴스나 유언비어를 함부로 퍼트리면 안 된다는 걸 꼭 기억해요.

그 말이 그 말이라고?

따라 써 볼까?

유	언	비	어
流	言	蜚	語

유	언	비	어
流	言	蜚	語

 무슨 뜻일까?

여기저기 널리 퍼진 뜬소문.

⭐ **생각해 볼까?**

• 황당한 '유언비어'를 직접 들어본 적이 있나요?

기억해 볼까? 어제 배운 사자성어

▶ 미리미리 준비하면 걱정이 없다.

요즘 산책하는 강아지 괴롭히는 나쁜 사람들이 있다던데 조심해라냥~.

이런…. 유언비어라면 좋겠네. 그래도 유비무환이니 주위를 잘 살펴야겠군!

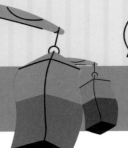

32

유유상종 類類相從

한자의 음과 뜻
무리, 닮을 **유** / 무리, 닮을 **유** / 서로 **상** / 좇을 **종**

비슷한 사람들끼리 어울려 논다.

'끼리끼리'라는 말을 들어본 적이 있나요? '가재는 게 편'이라는 속담도 있고요. 어떤 비슷한 점을 가진 사람들끼리 서로 어울려 노는 것을 보고 유유상종이라고 말합니다. 때로는 부정적인 의미로 쓰이기도 해요.

 그 말이 그 말이라고?

따라 써 볼까?

유	유	상	종
類	類	相	從

유	유	상	종
類	類	相	從

무슨 뜻일까?

비슷한 사람들끼리 어울려 논다.

생각해 볼까?

• 주변을 볼 때 '유유상종'이 맞는 말이라고 생각하나요?

기억해 볼까? 어제 배운 사자성어

▶ 여기저기 널리 퍼진 뜬소문.

너 요즘 불량한
냥이들하고 어울린다는
소문이 있더라~.

유언비어다냥~.
난 착한 냥이들하고만 논다고.
유유상종 모른다냥~.

33

이심전심 以心傳心

한자의 음과 뜻
~로써, 까닭 이 / 마음 심 / 전할 전 / 마음 심

마음과 마음이 서로 통함.

이심전심은 불교에서 나온 사자성어입니다. 석가모니가 가섭이라는 제자에게 마음으로 불교의 진리를 전해줬다는 이야기에서 나왔다고 해요. '척하면 착이다'라는 우리말도 있죠. 눈빛만 봐도 서로 마음이 통하는 사람이 있나요? 그럴 때 이심전심이라는 말을 씁니다.

 그 말이 그 말이라고?

✏️ 따라 써 볼까?

이	심	전	심
以	心	傳	心

이	심	전	심
以	心	傳	心

😊 무슨 뜻일까?

마음과 마음이 서로 통함.

⭐ 생각해 볼까?

• 말을 하지 않아도 서로 마음이 통하는 경험을 해본 적이 있나요?

기억해 볼까? 어제 배운 사자성어

➤ 비슷한 사람들끼리 어울려 논다.

우리는 눈빛만 봐도 마음이 통하는 이심전심 친구 사이지?

유유상종이라는데, 착하고 귀여운 내가 너랑 친구 사이라는 게 신기하다냥.

일석이조 一石二鳥

한자의 음과 뜻
하나 일 / 돌 석 / 둘 이 / 새 조

동시에 두 가지 이익을 얻음.

한자를 풀이하면 돌 하나를 던져 새 두 마리를 잡는다는 뜻입니다. 비슷한 속담으로는 '꿩 먹고 알 먹고', '도랑 치고 가재 잡는다', '마당 쓸고 동전 줍고' 이런 것이 있어요. 돌 하나로 새 세 마리를 잡는다는 의미로 '일석삼조(一石三鳥)'라는 사자성어도 있답니다.

 그 말이 **그 말이라고?**

 따라 써 볼까?

일	석	이	조
一	石	二	鳥

일	석	이	조
一	石	二	鳥

 무슨 뜻일까?

동시에 두 가지 이익을 얻음.

생각해 볼까?

• 뜻하지 않게 두세 가지 이익을 얻은 경험이 있나요?

 **기억해 볼까?** 어제 배운 사자성어

❯ 마음과 마음이 서로 통함.

이심전심하고
텔레파시가
비슷한 뜻이라고?

사자성어도 배우고
영어도 배우면 일석이조구나.

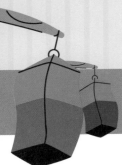

35

일취월장 日就月將

나날이 실력이 좋아짐.

하루하루가 쌓여서 일주일이 되고, 한 달이 되죠. 일취월장의 한자를 풀이하면 매일 이루고, 매월 앞으로 나아간다는 뜻이랍니다. 줄넘기를 하나도 못 하다가 연습하면 점점 잘하게 되지요? 무언가를 꾸준히 노력해서 실력이 좋아질 때 쓰는 말입니다.

 ## 그 말이 그 말이라고?

 따라 써 볼까?

일	취	월	장
日	就	月	將

일	취	월	장
日	就	月	將

 무슨 뜻일까?

나날이 실력이 좋아짐.

생각해 볼까?

• '일취월장'하기를 바라는 것이 있나요?

기억해 볼까? 어제 배운 사자성어

▶ 동시에 두 가지 이익을 얻음.

일석이조랑 뜻이
비슷한 사자성어가 있는데,
일거양득이래.

오~, 너 사자성어 실력이
일취월장하고 있는걸!

자업자득 自業自得

자기 행동의 결과가 결국 자신에게 돌아옴.

'뿌린 대로 거둔다'는 속담을 들어봤나요? 자업자득이란 자기가 한 행동의 결과가 자기에게 고스란히 돌아올 때 쓰는 표현입니다. 성공했을 때보다는 주로 나쁜 일로 벌을 받거나 좋지 않은 일을 겪을 때 사용하는 사자성어입니다.

 그 말이 그 말이라고?

공부한 날짜

월   일 확인

 따라 써 볼까?

자	업	자	득
自	業	自	得

자	업	자	득
自	業	自	得

 무슨 뜻일까?

자기 행동의 결과가 결국 자신에게 돌아옴.

⭐ **생각해 볼까?**

• 실제로 '자업자득'이라고 느낀 경험이 있나요?

🏷️ **기억해 볼까?** 어제 배운 사자성어

▶ 나날이 실력이 좋아짐.

내 점프 실력이
일취월장한 것
알고 있어?

응~, 네가 점프하다
물그릇 쏟았는데 안 치워서
그거 밟고 넘어진 것도 알고 있어.
자업자득이다냥~.

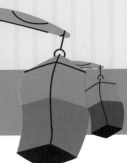

37

작심삼일 作心三日

한자의 음과 뜻
지을 작 / 마음 심 / 셋 삼 / 날, 해 일

결심이 흐지부지 약해지다.

단단히 먹은 마음이 3일을 가지 못한다는 뜻으로, 결심이 강하지 않아 흐지부지될 때 쓰는 말입니다. 하루에 하나 사자성어 따라 쓰기를 잘하고 있나요? 우리 친구들 작심삼일이 되지 않게 매일매일 힘내 봐요~.

 그 말이 그 말이라고?

 따라 **써 볼까?**

작	심	삼	일
作	心	三	日

작	심	삼	일
作	心	三	日

 무슨 **뜻일까?**

결심이 흐지부지 약해지다.

👤 생각해 **볼까?**

• '작심삼일'을 경험한 적이 있나요?

기억해 볼까? 어제 배운 사자성어

▷ 자기 행동의 결과가 결국 자신에게 돌아옴.

하루 하나 사자성어
따라 쓰기 한 권 끝낸 사람만
특별 간식 먹기로 약속했지?

그런 약속을 했던가?
자업자득이군….
난 작심삼일이거든.

38

전화위복 轉禍爲福

한자의 음과 뜻
변할 전 / 재앙 화 / 하다, 바뀌다 위 / 복 복

걱정하던 일이 오히려 좋은 일로 바뀜.

옛날 중국의 소진이라는 사람이 '일을 잘하는 사람은 나쁜 일을 바꾸어 복(福)이 되게 했고, 실패한 것을 성공으로 바꾸었다'는 말을 남겼대요. 전화위복은 나쁜 일이 생겨도 슬기롭게 이겨내면 다시 행복해질 수 있다는 뜻입니다. 세상의 일이 다 돌고 돈다는 의미도 있고요.

 그 말이 **그 말이라고?**

 따라 써 볼까?

전	화	위	복
轉	禍	爲	福

전	화	위	복
轉	禍	爲	福

 무슨 뜻일까?

걱정하던 일이 오히려 좋은 일로 바뀜.

생각해 볼까?

• 처음에는 속상했지만 지나고 보니 오히려 잘된 일이 있나요?

기억해 볼까? 어제 배운 사자성어

▷ 결심이 흐지부지 약해지다.

이가 아파서 못 먹었더니
뱃살이 확 빠져서
몸이 가벼워졌어!
이런 게 전화위복인가?

작심삼일하지 말고
치카치카
양치 잘하라냥~.

39

조삼모사 朝三暮四

한자의 음과 뜻
아침 **조** / 셋 **삼** / 저물다, 밤 **모** / 넷 **사**

꾀를 부려 남을 속임. / 눈앞의 이익만 생각함.

'아침에 3, 저녁에 4'라는 한자가 무슨 의미일까요? 먼 옛날, 원숭이에게 먹이를 아침에 3개, 저녁에 4개씩 주겠다고 하니 적다고 화를 냈대요. 그래서 아침에 4개, 저녁에 3개씩 준다고 하자 좋아했답니다. 전체 개수는 똑같은데 말이지요. 조삼모사는 꾀를 부려 남을 속이거나, 어리석다는 두 가지 뜻이 있습니다.

 그 말이 그 말이라고?

따라 써 볼까?

조	삼	모	사
朝	三	暮	四

조	삼	모	사
朝	三	暮	四

무슨 뜻일까?

꾀를 부려 남을 속임. / 눈앞의 이익만 생각함.

생각해 볼까?

• '조삼모사' 같은 상황을 본 적이 있나요?

기억해 볼까? 어제 배운 사자성어

➡ 걱정하던 일이 오히려 좋은 일로 바뀜.

전화위복과 뜻이 비슷한 사자성어는 새옹지마가 있지.

조삼모사와 뜻이 비슷한 속담은 '눈 가리고 아웅'이 있어. 우리 점점 똑똑해지고 있다냥~.

죽마고우 竹馬故友

한자의 음과 뜻
대나무 죽 / 말 마 / 옛 고 / 친구 우

어렸을 때부터 같이 놀던 친구.

친한 사이를 순우리말로 '벗'이라고 하죠. '대나무 말을 타고 놀던 벗'이라는 뜻으로, 어린 시절을 함께 보낸 친구 사이를 말합니다. '친구는 옛 친구가 좋고 옷은 새 옷이 좋다'라는 속담이 있을 정도로 어린 시절의 친구는 소중하지요.

그 말이 그 말이라고?

따라 써 볼까?

죽	마	고	우
竹	馬	故	友

죽	마	고	우
竹	馬	故	友

무슨 뜻일까?

어렸을 때부터 같이 놀던 친구.

생각해 볼까?

• 기억에 남는 '죽마고우'가 있나요?

기억해 볼까? 어제 배운 사자성어

➤ 꾀를 부려 남을 속임. / 눈앞의 이익만 생각함.

왜 그렇게
화가 났냥?

죽마고우 모임에 갔는데
한 친구가 조삼모사로
나를 속이려고 하잖아.
실망했어.

복습하면 일취월장

🍃 사자성어와 뜻이 어울리는 것을 골라 선을 그어 봅시다.

1
전화위복 •

• 동시에 두 가지
이익을 얻음.

2
죽마고우 •

• 여기저기 널리 퍼진
뜬소문.

3
유언비어 •

• 비슷한 사람들끼리
어울려 논다.

4
일석이조 •

• 어렸을 때부터
같이 놀던 친구.

5
유유상종 •

• 걱정하던 일이
오히려 좋은 일로 바뀜.

🌿 괄호에 들어갈 글자를 찾아 쓰고 사자성어를 완성해 봅시다.

| 삼일 | 이일 | 사일 | 조삼 | 어부 | 우왕 |
| 자업 | 동상 | 유유 | 월장 | 죽마 | 이심 |

❶ 작심 (   ) ┄┄┄┄┄┄┄┄┄┄ 결심이 흐지부지 약해지다.

❷ (   ) 자득 ┄┄┄┄┄┄┄┄ 자기 행동의 결과가 결국 자기에게 돌아옴.

❸ (   ) 모사 ┄┄┄┄┄┄┄┄ 꾀를 부려 남을 속임. / 눈앞의 이익만 생각함.

❹ 일취 (   ) ┄┄┄┄┄┄┄┄┄┄ 나날이 실력이 좋아짐.

❺ (   ) 전심 ┄┄┄┄┄┄┄┄ 마음과 마음이 서로 통함.

🌿 빈칸에 알맞은 글자를 넣어 사자성어를 완성해 봅시다.

죽	마	고	
	심		심
유	유		

		위	복
일	석		
자	업		

		비	어
일	취		
조		모	

✦ 퀴즈의 정답은 125쪽에 있습니다.

41

천고마비 天高馬肥

하늘 천 / 높을 고 / 말 마 / 살찔 비

하늘이 높고 풍요로운 가을.

한자를 풀이하면 '하늘이 높고 말이 살찐다는 뜻'입니다. 옛날 중국에서는 북쪽 유목민들이 가을마다 말을 타고 남쪽으로 내려와 먹을 것을 빼앗아 가서 천고마비의 계절을 두려워했대요. 그러나 오늘날의 천고마비는 사계절 중에 날이 좋고 먹을 것이 많아 풍요로운 가을을 뜻해, 사람들이 가장 좋아하기도 하지요.

 그 말이 그 말이라고?

 따라 써 볼까?

천	고	마	비
天	高	馬	肥

천	고	마	비
天	高	馬	肥

 무슨 뜻일까?

하늘이 높고 풍요로운 가을.

 생각해 볼까?

• 무슨 계절을 좋아하나요? 그 이유는요?

 **기억해 볼까?** 어제 배운 사자성어

▶ 어렸을 때부터 같이 놀던 친구.

오랜만에 죽마고우 만났는데, 나를 못 알아보더라고. 내가 살이 너무 많이 쪘나 봐.

천고마비의 계절인데 천고냥비가 됐구나~.

42

청천벽력 靑天霹靂

한자의 음과 뜻
푸르다 **청** / 하늘 **천** / 벼락 **벽** / 벼락 **력**

갑작스럽게 일어난 큰 사건.

'마른 하늘에 날벼락'이라는 속담이 있지요? 원래 흐리거나 비 오는 날에는 종종 벼락이 치는데요. 청천벽력이란 맑게 갠 하늘에서 치는 날벼락이란 뜻으로, 갑자기 큰 사건이 일어나거나 놀라운 소식을 들었을 때를 비유적으로 표현한 사자성어입니다.

 ## 그 말이 **그 말이라고?**

✏️ **따라 써 볼까?**

청	천	벽	력
靑	天	霹	靂

청	천	벽	력
靑	天	霹	靂

😃 **무슨 뜻일까?**

갑작스럽게 일어난 큰 사건.

⭐ **생각해 볼까?**

• 최근에 '청천벽력' 같은 이야기를 들은 적이 있나요?

기억해 볼까? 어제 배운 사자성어

▶ 하늘이 높고 풍요로운 가을.

올해는 천고마비의 계절이 짧고, 겨울이 일찍 온대.

정말? 청천벽력 같은 소리네. 추운 거 너무 싫다냥~.

43

청출어람 青出於藍

한자의 음과 뜻
푸르다 청 / 나타날 출 / ~에, ~에서 어 / 쪽 람

제자가 스승보다 뛰어나다.

청출어람은 '푸른색이 쪽에서 나왔으나 쪽보다 더 푸르다'는 뜻으로, 중국의 순자가 스승보다 제자가 나은 것을 비유하며 사용한 말입니다. 가르쳐 준 사람보다 배운 사람의 실력이 더 뛰어난 것을 의미합니다. 여기서 '쪽'이란 한해살이풀로, 그 잎으로 남빛 물감을 만든답니다.

 그 말이 **그 말이라고?**

 따라 써 볼까?

청	출	어	람
青	出	於	藍

청	출	어	람
青	出	於	藍

 무슨 뜻일까?

제자가 스승보다 뛰어나다.

생각해 볼까?

• 어떤 분야에서 '청출어람'을 경험해 본 적이 있나요?

기억해 볼까? 어제 배운 사자성어

▶ 갑작스럽게 일어난 큰 사건.

나 옷장 위까지
점프할 수 있어.
이제 청출어람이라고!

정말?
청천벽력 같은
소리다냥~.

44

촌철살인 寸鐵殺人

한자의 음과 뜻
마디 촌 / 쇠 철 / 죽일 살 / 사람 인

감동을 주거나 핵심을 찌르는 예리한 말 한마디.

촌철살인이란 사람을 죽일 수 있는 짧은 쇠붙이라는 뜻으로, 남에게 감동을 주거나 핵심을 찌르는 짧으면서 강렬하고 예리한 말을 뜻합니다. 가끔은 구구절절 긴 설명보다 짧은 말 한마디가 마음에 더 와닿을 때가 있지요?

 그 말이 **그 말이라고?**

하나야, 태권도 이번 달까지 다니는 거지?

엄마, 나 태권도 계속 다니고 싶어요~.

다른 학원이랑 시간이 겹쳐서 그렇지~.

몸이 건강해야 공부를 하든 책을 보든지 하죠~.

쓰담 쓰담

아싸!

좀 컸다고 이제 촌철살인으로 나를 설득하는 거야? 알았어~. 아주 예리한 한마디였어!

정말요? 아싸!

 따라 써 볼까?

촌	철	살	인
寸	鐵	殺	人

촌	철	살	인
寸	鐵	殺	人

 무슨 뜻일까?

감동을 주거나 핵심을 찌르는 예리한 말 한마디.

생각해 볼까?

• '촌철살인'을 직접 들어본 적이 있나요?

기억해 볼까? 어제 배운 사자성어

> 제자가 스승보다 뛰어나다.

 내 말이 도움이 됐어?

너의 촌철살인 덕분에 내가 청출어람했어. 고마워~.

45

측은지심 惻隱之心

슬퍼할 **측** / 숨기다, 가엾다 **은** / 갈 **지** / 마음 **심**

남의 불행을 불쌍하게 생각하는 마음.

인간의 본성이 본래 착하다고 주장한 맹자는 사람에게는 측은지심이 있다고 생각했습니다. 측은지심
이란 '남의 불행을 불쌍하게 여기는 마음'을 의미해요. 다른 사람이나 생명을 가진 존재가 고통받을
때 공감할 줄 아는 마음을 뜻합니다.

 그 말이 그 말이라고?

 따라 써 볼까?

측	은	지	심
惻	隱	之	心

측	은	지	심
惻	隱	之	心

 무슨 뜻일까?

남의 불행을 불쌍하게 생각하는 마음.

생각해 볼까?

• 가장 최근에 '측은지심'이 들었던 적이 있나요?

기억해 볼까? 어제 배운 사자성어

➤ 감동을 주거나 핵심을 찌르는 예리한 말 한마디.

오늘의
촌철살인은 뭐야?

'측은지심이 우리 세상을
아름답게 만든다.'
어때?

46

토사구팽 兎死狗烹

한자의 음과 뜻
토끼 **토** / 죽을 **사** / 개 **구** / 삶을 **팽**

필요할 때는 쓰고, 필요 없을 때는 버림.

토끼를 잡고 나서 필요 없어진 사냥개를 잡아먹는다는 뜻으로, 어떤 목적이 있을 때만 그 사람을 이용하다가
일이 끝난 후 야박하게 돌아서는 것을 말해요. 비슷한 의미로 '달면 삼키고 쓰면 뱉는다'는 속담이 있습니다.
이용당한 사람은 '팽당하다'라고 표현합니다.

 그 말이 그 말이라고?

따라 **써 볼까?**

토	사	구	팽
兔	死	狗	烹

토	사	구	팽
兔	死	狗	烹

 무슨 **뜻일까?**

필요할 때는 쓰고, 필요 없을 때는 버림.

 생각해 **볼까?**

• '토사구팽'했거나 당해본 적이 있나요?

기억해 볼까? 어제 배운 사자성어

❯ 남의 불행을 불쌍하게 생각하는 마음.

나 오늘 친구한테
토사구팽당한 것 같아.

그 친구 너무 나쁘다~.
배신당한 사람을 보면
측은지심이 들어.

47

풍전등화 風前燈火

한자의 음과 뜻
바람 **풍** / 앞 **전** / 등잔 **등** / 불 **화**

매우 위태로운 상황.

한자를 풀이하면 '바람 앞에 놓인 등불'이라는 뜻입니다. 상상해 보면 금방이라도 불이 꺼질 듯이 위태로운 상황이겠지요? 풍전등화처럼 위기 상황에 놓인 상태를 뜻하는 사자성어에는 진퇴양난(進退兩難), 사면초가(四面楚歌), 위기일발(危機一髮) 등이 있습니다.

 그 말이 그 말이라고?

114

 따라 써 볼까?

풍	전	등	화
風	前	燈	火

풍	전	등	화
風	前	燈	火

 무슨 뜻일까?

매우 위태로운 상황.

 생각해 볼까?

• '풍전등화' 같은 상황을 겪은 적이 있나요?

 **기억해 볼까?** 어제 배운 사자성어

❯ 필요할 때는 쓰고, 필요 없을 때는 버림.

친구들을 토사구팽하고 다녔던 그 친구가 이제 친구를 전부 다 잃었대.

친구를 다 잃다니 풍전등화 인생이 됐구나~.

48

형설지공 螢雪之功

한자의 음과 뜻
반딧불이 형 / 눈 설 / ~의 지 / 노력 공

어려움을 이겨내고 공부하는 자세.

옛날 중국에서 반딧불을 모아 그 빛으로 책을 읽었다는 차윤(車胤), 겨울밤에 눈에 비친 달빛으로 글을 읽은 손강(孫康)이라는 청년의 이야기에서 유래한 표현입니다. 어려운 환경 속에서도 공부하려는 의지가 느껴지지요?

 그 말이 그 말이라고?

> 제가 출품한 형설지공 스탠드에는 반딧불이를 모아 놓은 것처럼
> 작은 전구가 여러 개 달려있습니다. 버튼을 누르면 집중력을 높이거나
> 졸릴 때 잠을 깨워주는 음악, 스트레스를 풀어주는 음악도 나옵니다.
> 반딧불이가 깨끗한 환경에서만 살잖아요~
> 이 스탠드에서는 피톤치드가 나와 힘든 상황에서도 열심히 공부하는 자세를 가진
> 학생들의 마음을 편안하게 만들어줍니다. '하루'라는 친구가 있는데요.
> 반딧불이가 있으면 더 공부가 잘될 것 같다고 얘기하는 걸 듣고
> 이 스탠드를 떠올리게 되었습니다.

✏️ 따라 써 볼까?

형	설	지	공
螢	雪	之	功

형	설	지	공
螢	雪	之	功

😊 무슨 뜻일까?

어려움을 이겨내고 공부하는 자세.

⭐ 생각해 볼까?

• 힘든 환경 속에서 노력해 꿈을 이룬 위인을 알고 있나요?

기억해 볼까? 어제 배운 사자성어

▶ 매우 위태로운 상황.

너 사자성어 말하기 대회에서 탈락 위기라며? 완전 풍전등화네.

안 그래도 형설지공하고 있다고~.

호시탐탐 虎視眈眈

무언가를 얻기 위해 기회를 노리는 모양.

'호랑이가 눈을 부릅뜨고 먹잇감을 노려본다'는 뜻의 사자성어입니다. 무언가를 가지거나 기회를 얻기 위해 가만히 지켜보며 틈을 노리는 상황을 말합니다. 무언가를 얻기 위해서는 잘 관찰하고 재빠르게 행동해야겠지요?

🔆 그 말이 그 말이라고?

 따라 **써 볼까?**

호	시	탐	탐
虎	視	眈	眈

호	시	탐	탐
虎	視	眈	眈

 무슨 **뜻일까?**

무언가를 얻기 위해 기회를 노리는 모양.

 생각해 **볼까?**

• 무언가를 얻기 위해 '호시탐탐' 기회를 노린 적이 있나요?

기억해 볼까? 어제 배운 사자성어

▶ 어려움을 이겨내고 공부하는 자세.

형설지공하려면
반딧불이가 몇 마리나
있어야 할까?

반딧불이를 모아 놓으면
도망가려고 호시탐탐
기회를 노리겠지?

50

희로애락 喜怒哀樂

한자의 음과 뜻
기쁠 희 / 화낼 로 / 슬플 애 / 즐길 락

삶의 기쁨과 노여움과 슬픔과 즐거움.

오늘 하루 동안 어떤 감정을 느꼈나요? 사람이 느끼는 여러 가지 감정 중에 기쁨과 노여움, 슬픔과 즐거움이라는 네 가지 감정을 희로애락이라고 부릅니다. 살아가면서 가장 많이 느끼는 감정 또한 이 네 가지일 것입니다. 이왕이면 기쁘고 즐거운 일이 더 많으면 좋겠지요?

 그 말이 그 말이라고?

공부한 날짜 월 일 확인

 따라 써 볼까?

희	로	애	락
喜	怒	哀	樂

희	로	애	락
喜	怒	哀	樂

 무슨 뜻일까?

삶의 기쁨과 노여움과 슬픔과 즐거움.

 생각해 볼까?

• 오늘 어떤 '희로애락'을 느꼈나요?

 **기억해 볼까?** 어제 배운 사자성어

▶ 무언가를 얻기 위해 기회를 노리는 모양.

오늘 느낀 희로애락은?

간식 상자 열려있길래 호시탐탐 노리다가 육포 하나 날름 먹었거든. 맛있는 거 먹어서 즐거웠어~.

콩심콩 팥심팥 **사자성어 따라 쓰기 121**

사자성어와 뜻이 어울리는 것을 골라 선을 그어 봅시다.

1 호시탐탐 • • 감동을 주거나 핵심을 찌르는 예리한 말 한마디.

2 풍전등화 • • 필요할 때는 쓰고, 필요 없을 때는 버림.

3 천고마비 • • 매우 위태로운 상황.

4 토사구팽 • • 무언가를 얻기 위해 기회를 노리는 모양.

5 촌철살인 • • 하늘이 높고 풍요로운 가을.

🍂 괄호에 들어갈 글자를 찾아 쓰고 사자성어를 완성해 봅시다.

> 애락　　어부　　전심　　지심　　마비　　조삼
>
> 역지　　청천　　형설　　등화　　지심　　어람

❶ (　　　　) 벽력 ⋯⋯⋯⋯⋯⋯⋯⋯⋯⋯ 갑작스럽게 일어난 큰 사건.

❷ 청출 (　　　　) ⋯⋯⋯⋯⋯⋯⋯⋯⋯⋯ 제자가 스승보다 뛰어나다.

❸ 측은 (　　　　) ⋯⋯⋯⋯⋯⋯⋯⋯⋯⋯ 불쌍하게 생각하는 마음.

❹ (　　　　) 지공 ⋯⋯⋯⋯⋯⋯⋯⋯⋯⋯ 어려움을 이겨내고 공부하는 자세.

❺ 희로 (　　　　) ⋯⋯⋯⋯⋯⋯⋯⋯⋯⋯ 삶의 기쁨과 노여움과 슬픔과 즐거움.

🍂 빈칸에 알맞은 글자를 넣어 사자성어를 완성해 봅시다.

희			락
		지	공
	철	살	

풍	전		
		마	비
청	천		

	출	어	람
측	은		
호	시		

✦ 퀴즈의 정답은 125쪽에 있습니다.

퀴즈
정답

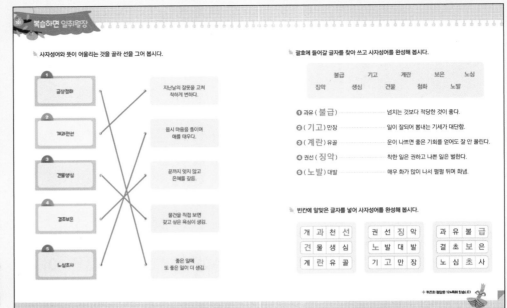

사자성어와 뜻이 어울리는 것을 골라 선을 그어 봅시다.

사자성어	뜻
1 금상첨화	지난날의 잘못을 고쳐 착하게 변하다.
2 개과천선	몹시 마음을 졸이며 애를 태우다.
3 견물생심	끝까지 잊지 않고 은혜를 갚음.
4 결초보은	물건을 직접 보면 갖고 싶은 욕심이 생김.
5 노심초사	좋은 일에 또 좋은 일이 더 생김.

괄호에 들어갈 글자를 찾아 쓰고 사자성어를 완성해 봅시다.

불급	기고	계란	보은	노심
징악	생심	견물	청화	노발

1 과유 (불급) …… 넘치는 것보다 적당한 것이 좋다.
2 (기고) 만장 …… 일이 잘되어 뽐내는 기세가 대단함.
3 (계 란) 유골 …… 운이 나쁘면 좋은 기회를 얻어도 잘 안 풀린다.
4 권선 (징악) …… 착한 일은 권하고 나쁜 일은 벌한다.
5 (노발) 대발 …… 매우 화가 많이 나서 펄펄 뛰며 화냄.

빈칸에 알맞은 글자를 넣어 사자성어를 완성해 봅시다.

개 과 천 선	권 선 징 악	과 유 불 급
견 물 생 심	노 발 대 발	결 초 보 은
계 란 유 골	기 고 만 장	노 심 초 사

✦ 퀴즈의 정답은 124쪽에 있습니다.

1회
34~35쪽

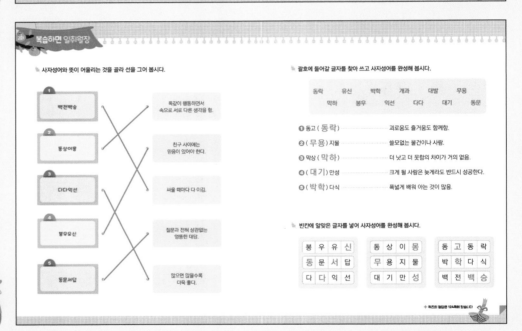

사자성어와 뜻이 어울리는 것을 골라 선을 그어 봅시다.

사자성어	뜻
1 백전백승	똑같이 행동하면서 속으로 서로 다른 생각을 함.
2 동상이몽	친구 사이에는 믿음이 있어야 한다.
3 다다익선	싸울 때마다 다 이김.
4 붕우유신	질문과 전혀 상관없는 엉뚱한 대답.
5 동문서답	많으면 많을수록 더욱 좋다.

괄호에 들어갈 글자를 찾아 쓰고 사자성어를 완성해 봅시다.

동락	유신	박학	개과	대발	무용
막하	붕우	익선	다다	대기	동문

1 동고 (동락) …… 괴로움도 즐거움도 함께함.
2 (무용) 지물 …… 쓸모없는 물건이나 사람.
3 막상 (막하) …… 더 낫고 더 못함의 차이가 거의 없음.
4 (대기) 만성 …… 크게 될 사람은 늦게라도 반드시 성공한다.
5 (박학) 다식 …… 폭넓게 배워 아는 것이 많음.

빈칸에 알맞은 글자를 넣어 사자성어를 완성해 봅시다.

붕 우 유 신	동 상 이 몽	동 고 동 락
동 문 서 답	무 용 지 물	박 학 다 식
다 다 익 선	대 기 만 성	백 전 백 승

✦ 퀴즈의 정답은 124쪽에 있습니다.

2회
56~57쪽

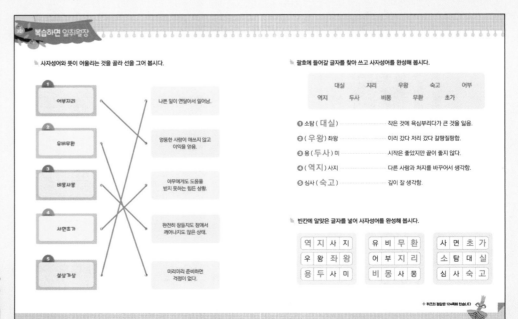

사자성어와 뜻이 어울리는 것을 골라 선을 그어 봅시다.

사자성어	뜻
1 어부지리	나쁜 일이 연달아서 일어남.
2 유비무환	엉뚱한 사람이 애쓰지 않고 이익을 얻음.
3 비몽사몽	아무에게도 도움을 받지 못하는 힘든 상황.
4 사면초가	완전히 잠들지도 장에서 깨어나지도 않은 상태.
5 설상가상	미리미리 준비하면 걱정이 없다.

괄호에 들어갈 글자를 찾아 쓰고 사자성어를 완성해 봅시다.

대실	지리	우왕	숙고	어부
역지	두사	비몽	무환	초가

1 소탐 (대실) …… 작은 것에 욕심부리다가 큰 것을 잃음.
2 (우왕) 좌왕 …… 이리 갔다 저리 갔다 갈팡질팡함.
3 용 (두사) 미 …… 시작은 좋았지만 끝이 좋지 않다.
4 (역지) 사지 …… 다른 사람과 처지를 바꾸어서 생각함.
5 심사 (숙고) …… 깊이 잘 생각함.

빈칸에 알맞은 글자를 넣어 사자성어를 완성해 봅시다.

역 지 사 지	유 비 무 환	사 면 초 가
우 왕 좌 왕	어 부 지 리	소 탐 대 실
용 두 사 미	비 몽 사 몽	심 사 숙 고

✦ 퀴즈의 정답은 124쪽에 있습니다.

3회
78~79쪽

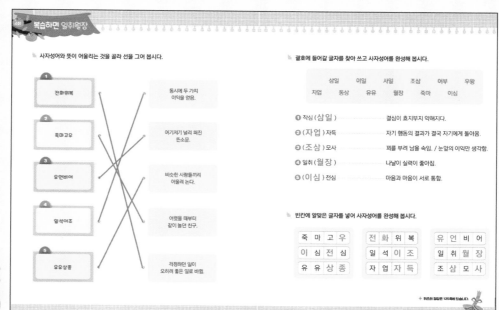

사자성어와 뜻이 어울리는 것을 골라 선을 그어 봅시다.

1. 전화위복
2. 죽마고우
3. 유언비어
4. 일석이조
5. 유유상종

- 동시에 두 가지 이익을 얻음.
- 여기저기 널리 퍼진 뜬소문.
- 비슷한 사람들끼리 어울려 논다.
- 어렸을 때부터 같이 놀던 친구.
- 걱정하던 일이 오히려 좋은 일로 바뀜.

괄호에 들어갈 글자를 찾아 쓰고 사자성어를 완성해 봅시다.

| 삼일 | 이일 | 사일 | 조삼 | 어부 | 우왕 |
| 자업 | 동상 | 유유 | 월장 | 죽마 | 이심 |

1. 작심 (삼일) — 결심이 흐지부지 약해지다.
2. (자업) 자득 — 자기 행동의 결과가 결국 자기에게 돌아옴.
3. (조삼) 모사 — 꾀를 부려 남을 속임. / 눈앞의 이익만 생각함.
4. 일취 (월장) — 나날이 실력이 좋아짐.
5. (이심) 전심 — 마음과 마음이 서로 통함.

빈칸에 알맞은 글자를 넣어 사자성어를 완성해 봅시다.

죽 마 고 우	전 화 위 복	유 언 비 어
이 심 전 심	일 석 이 조	일 취 월 장
유 유 상 종	자 업 자 득	조 삼 모 사

퀴즈의 정답은 125쪽에 있습니다.

4회
100~101쪽

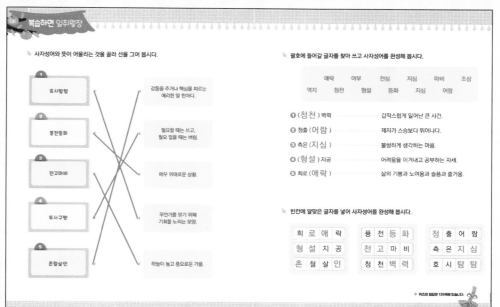

사자성어와 뜻이 어울리는 것을 골라 선을 그어 봅시다.

1. 호시탐탐
2. 풍전등화
3. 천고마비
4. 촌철살인
5. 촌철살인

- 감동을 주거나 핵심을 찌르는 예리한 말 한마디.
- 필요할 때는 쓰고, 필요 없을 때는 버림.
- 매우 위태로운 상황.
- 무언가를 얻기 위해 기회를 노리는 모양.
- 하늘이 높고 풍요로운 가을.

괄호에 들어갈 글자를 찾아 쓰고 사자성어를 완성해 봅시다.

| 애락 | 어부 | 전심 | 지심 | 마비 | 조상 |
| 역지 | 청천 | 형설 | 등화 | 지심 | 어람 |

1. (청천) 벽력 — 갑작스럽게 일어난 큰 사건.
2. 청출 (어람) — 제자가 스승보다 뛰어나다.
3. 측은 (지심) — 불쌍하게 생각하는 마음.
4. (형설) 지공 — 어려움을 이겨내고 공부하는 자세.
5. 희로 (애락) — 삶의 기쁨과 노여움과 슬픔과 즐거움.

빈칸에 알맞은 글자를 넣어 사자성어를 완성해 봅시다.

희 로 애 락	풍 전 등 화	청 출 어 람
형 설 지 공	천 고 마 비	측 은 지 심
촌 철 살 인	청 천 벽 력	호 시 탐 탐

퀴즈의 정답은 125쪽에 있습니다.

5회
122~123쪽